BEI GRIN MACHT SICH IHR WISSEN BEZAHLT

AF168112

- Wir veröffentlichen Ihre Hausarbeit, Bachelor- und Masterarbeit

- Ihr eigenes eBook und Buch - weltweit in allen wichtigen Shops

- Verdienen Sie an jedem Verkauf

Jetzt bei www.GRIN.com hochladen und kostenlos publizieren

Wie lassen sich digitale Technologien erfolgreich im Schulunterricht einsetzen?

Bibliografische Information der Deutschen Nationalbibliothek:

Die Deutsche Nationalbibliothek verzeichnet diese Publikation in der Deutschen Nationalbibliografie; detaillierte bibliografische Daten sind im Internet über http://dnb.d-nb.de abrufbar.

ISBN: 9783346751591
Dieses Buch ist auch als E-Book erhältlich.

Druck und Bindung: Books on Demand GmbH, Norderstedt Germany
Gedruckt auf säurefreiem Papier aus verantwortungsvollen Quellen

Das vorliegende Werk wurde sorgfältig erarbeitet. Dennoch übernehmen Autoren und Verlag für die Richtigkeit von Angaben, Hinweisen, Links und Ratschlägen sowie eventuelle Druckfehler keine Haftung.

Das Buch bei GRIN: https://www.grin.com/document/1290087

Seminararbeit

Digitalisierung und Gesellschaft:

Wie lassen sich digitale Technologien erfolgreich
im Schulunterricht einsetzen?

Kurs:	DLMIHDG01 – Seminar Gesellschaftliche Herausforderungen der Digitalisierung
Studiengang:	Wirtschaftsinformatik (M.Sc.)
Abgabedatum:	30.03.2022

Inhaltsverzeichnis

Abbildungsverzeichnis

Abkürzungsverzeichnis

LMS   Lernmanagementsystem

OER   Open Educational Resources

TPACK   Technological Pedagogical and Content Knowledge

1.   Einleitung

1.1.   Relevanz und Zielsetzung

Ob Smartphones, Apps oder Computerspiele – digitale Technologien nehmen in der Gesellschaft eine zentrale Rolle ein und entwickelten sich in den letzten Jahren zu einem Bestandteil unseres Lebens. Digitale Medien begleiten Kinder und Jugendliche nunmehr ein Leben lang und beeinflussen die Art und Weise von Lern- als auch Lehrprozessen. Lernenden ist es wichtig, dass der Schulunterricht nicht nur pädagogisch angemessen, sondern auch interessant und vielfältig gestaltet wird. Viele Schulen versuchen inzwischen digitale Technologien in den Schulunterricht zu integrieren, was sich nicht nur auf die Motivation der Lernenden auswirkt, sondern auch auf die Individualisierung von Lernprozessen. (Ministerium für Kultus, Jugend und Sport, 2022) Diesen Vorteilen stehen jedoch auch Risiken gegenüber und die Coronakrise hat gezeigt, dass Schulen, welche digital gut ausgestattet und aufgestellt sind, die Umstellung auf Distanzunterricht besser umsetzen konnten. Jedoch sollten Schulen nach der Pandemie nicht in alte Verhaltensweisen zurückfallen, sondern müssen sich angesichts des gesellschaftlichen und technologischen Wandels weiterentwickeln. (Bitkom e. V., 2022c) Auch das Ministerium für Kultus, Jugend und Sport (2022) befürwortet für die Unterstützung von Lernprozessen sowie für eine anschaulichere und individuellere Gestaltung des Unterrichts den Einsatz digitaler Technologien an Schulen.

Doch wie lassen sich diese digitalen Technologien erfolgreich im Schulunterricht einsetzen? Ziel der Arbeit ist es, dieser Forschungsfrage nachzugehen. Hierzu sollen der aktuelle Stand der Digitalisierung an deutschen Schulen und vorherrschende digitale Technologien untersucht werden. Darauf aufbauend sollen Voraussetzungen formuliert werden, welche Schulen erfüllen müssen, um den Unterricht durch den Einsatz digitaler Technologien effektiver und effizienter gestalten zu können.

1.2.   Vorgehensweise

Die vorliegende Seminararbeit gliedert sich in zwei Abschnitte. Im ersten Abschnitt wird der Status Quo der Digitalisierung an Schulen und digitaler Technologien in Bezug auf die Bildung untersucht. Dabei werden digitale Medien und deren Einsatz an Schulen im Grundsatz und Einzelne näher betrachtet. Durch diesen ersten Abschnitt werden Aspekte ermittelt, bei welchen Handlungsbedarf besteht. Im zweiten Abschnitt werden darauf aufbauend Voraussetzungen für den erfolgreichen Einsatz digitaler Technologien im Schulunterricht formuliert.

Aufgrund des Umfangs der Arbeit werden nur ausgewählte digitale Medien näher betrachtet. Hierbei handelt es sich um Lernvideos, Lernmanagementsysteme und digitale Bildungsinhalte. Auch die Betrachtung von Handlungsempfehlungen werden auf ein Medienkonzept, bildungspolitische, finanzielle und technische Voraussetzungen, die Kompetenzen der Lernenden und Lehrenden sowie Schulentwicklungsprozesse eingegrenzt.

2.   Status Quo

2.1.   Digitalisierung an Schulen

Digitalisierung beeinflusst zunehmend Lehrende, Lernende und auf politischer Ebene die jeweiligen Kultusministerien und Länder. Digitale Technologien bereichern die Pädagogik, indem der Schulunterricht durch den Einsatz dieser interessanter gestaltet werden kann und Lernprozesse individualisiert werden können, so das Ministerium für Kultus, Jugend und Sport (2022). Die Wirkungszeit der Digitalisierung unterscheidet sich von einer schnellen Akzeptanz und Umsetzung in der Wirtschaft bis zu einer verzögerten Annahme digitaler Möglichkeiten an Schulen. (Arnold, 2020, S. 1)

Lernen mit digitalen Medien definiert sich als Lernprozesse, bei welchen mobile Endgeräte wie Tablets und Smartphones oder stationäre Computer angewendet werden. Der Einsatz kann vielseitig gestaltet werden und umfasst mindestens die Nutzung digitaler Videofilme mit Hilfe des Videoportals YouTube und bis hin zu einer individualisierbaren und selbstständig steuerbaren Lernumgebung. (U. Schmid et al., 2017, S. 12)

Honegger betrachtete die Funktionalitäten eines Computers und interpretierte deren Nutzen für den Einsatz an Schulen. Aus den drei Funktionen eines Computers Digitalisierung, Automatisierung und Vernetzung ergeben sich ebenfalls drei Erweiterungsdimensionen für Lehr- und Lernprozesse. Die Nutzung und Herstellung von Inhalten wird durch die digitale Visualisierung für Lehrkräfte und Lernende erleichtert, während die automatisierte Datenverarbeitung die Möglichkeit einer gewissen Interaktivität bietet. Die Vernetzung trägt in Bezug auf Bildung zur Interaktion von Raum, Zeit und der Verfügbarkeit von Inhalten bei. (Honegger, 2021, S. 41)

Die Chancen und Defizite der Digitalisierung an Schulen wurden durch die Coronakrise verdeutlicht. Brand et al. (2021, S. 4) sehen die Coronakrise dabei als einen Katalysator, welcher die Digitalisierung an Schulen beschleunigen kann. Während der Erhebung der Daten für die Studie „Schule digital – der Länderindikator 2021" zwischen März 2020 bis Sommer 2021 in Bezug auf die Coronakrise gaben 83,5 % der befragten Lehrkräfte der Sekundarstufe I an, auch zukünftig digitale Medien intensiver und vielfältiger einzusetzen. Es ist zu erkennen, dass die Bundesländer Hessen, Sachsen und Rheinland-Pfalz (89,9 %) hierzu eher bereit sind als Baden-Württemberg, Hamburg oder Niedersachsen, welche im Schnitt zu 74,4 % auch zukünftig auf digitale Medien setzen. Zudem wurden Klassenarbeiten an den beteiligten Schulen der Sekundarstufe I selten (30,7 %) durch digital gestützte Prüfungsformate ersetzt. Hier ist im Bundesländervergleich ein deutlicher Unterschied zu erkennen: In Berlin, Bremen, Hamburg und Hessen gaben fast die Hälfte der Befragten an, dass Klassenarbeiten durch digital gestützte Prüfungsformate ersetzt wurden. Unter anderem in Baden-Württemberg, Sachsen und Schleswig-Holstein konnten dies lediglich 14,7 % der befragten Lehrkräfte bestätigen. Allerdings wurden Referate und Präsentationen von etwa der Hälfte der befragten Lehrkräfte und von 62,9 % Dokumentationen oder andere schriftliche Aufgaben zur Leistungsbewertung genutzt. (Lorenz et al., 2021, S. 36–39)

2.2. Digitale Technologien und deren Einsatz an Schulen

Digitale Lehrmittel können in vier Stufen unterteilt werden, welche in Abbildung 1 veranschaulicht werden. Stufe eins beschreibt Lehrmittel in gedruckter Form wie Schulbücher. Lehrmittel mit digitalen Zusätzen oder die Möglichkeit einer digitalen Ausgabe, sind in Stufe zwei zu finden. Stufe drei umfasst vollständig digital konzipierte und umgesetzte Lehrmittel. Sind diese zudem digital vernetzt und bilden eine Lehr- und Lernumgebung, so handelt es sich um Stufe vier. (Honegger, 2021, S. 44)

Abbildung 1: Stufen digitaler Lehrmittel. Quelle: In Anlehnung an Honegger, 2021, S. 44.

Viele der an Schulen Deutschlands eingesetzten Lehrmittel haben die erste Stufe überwunden und verfügen über ein digitales Format oder digitale Ergänzungen. Wenige Lehrmaterialien befinden sich in Stufe drei, wobei dies die Möglichkeit bietet, dass Verlage fortlaufend Aktualisierungen und Erweiterungen vornehmen oder Lehrkräfte selbst Inhalte erweitern oder verbergen können. Stufe vier ist zum aktuellen Zeitpunkt kaum bis gar nicht vertreten. Hierunter verstehen sich Diskussionskanäle für Lernende, wobei eine schul- oder klassenübergreifende Integration möglich ist und einen Vorteil dieser Stufe darstellt. Die Schulkultur sowie die Lehr- und Lernprozesse werden zukünftig nicht nur durch eine physische Raumgestaltung geprägt. Auch digitale Lernumgebungen werden diese prägen. (Honegger, 2021, S. 44)

Neben der Einstufung digitaler Lehrmittel, ist auch die Nutzung digitaler Technologien zu betrachten. Der erfolgreiche Einsatz digitaler Medien ist jedoch nicht nur von der Häufigkeit der Nutzung abhängig. Auch die Qualität und didaktische Einbettung sind entscheidend. Die Nutzungshäufigkeit bietet dennoch eine Möglichkeit der Einschätzung, wie Schulen der Sekundarstufe I im Jahr 2021 digitale Medien einsetzten. (Lorenz et al., 2021, S. 16) Die Studie „Schule digital – der Länderindikator 2021" nutzte als Indikatoren für die Nutzung digitaler Medien im Unterricht das Vorhandensein eines Medienkonzepts, die Nutzungshäufigkeit und Beispielmaterial, eine ausreichende Vorbereitungszeit und interne Workshops. Auch die Verbesserung schulischer Leistungen, eine fortlaufende Kooperation durch Unterrichtshospitation sowie eine gemeinsame Entwicklung von computergestützten Unterrichtsstunden, waren Indikatoren für die Nutzung digitaler Medien. (Lorenz et al., 2021, S. 9) Von 2017 bis 2021 stieg der Anteil an Lehrkräften, welche mindestens wöchentlich im Unterricht digitale Medien nutzten, um 23,2 %. In den Bundesländern Rheinland-Pfalz und Bayern nutzten mehr als 50 % der Befragten täglich digitale Medien im Unterricht, deutschlandweit waren es 38,9 %. (Lorenz et al., 2021, S. 16–17)

Lernvideos sind dabei ein beliebtes Lernmedium unter Schülerinnen und Schülern und wurden bereits vor der Coronakrise im Unterricht eingesetzt. Der „Monitor Digitale Bildung" der Bertelsmann Stiftung stellt eine Datenbasis aus dem Jahr 2017 in Bezug auf digitalisiertes Lernen bereit. 76 % der befragten Lernenden gaben an, Videos für das Lernen außerhalb der Schule zu nutzen. Dieses Medium erhöht die Motivation und wird von Lernenden auch im Unterricht gefordert. (U. Schmid et al., 2017, S. 7) Lernvideos bieten Lehrkräften die Möglichkeit, den Schulunterricht vielfältiger und individueller zu gestalten. Besonders eignen sich Videos, um bestimmte Themenstellungen einzuleiten oder zusammenzufassen. Durch Lernvideos wird der Unterricht unterhaltsamer und damit für Lernende bezugsfähiger, wodurch Lernen erleichtert und individueller wird. (Bitkom e. V., 2022a) Neben der Erhöhung der Motivation dienen Lernvideos auch einer intensiveren Auseinandersetzung mit dem Lerngegenstand. Studien ergaben, dass interaktive Elemente, erklärende Personen, eine bestimmte Videoperspektive sowie begleitende Lernaufgaben die Lerneffektivität von Erklärvideos erhöhen. Interaktive Elemente sind zurückhaltend einzubauen, wobei die Möglichkeit einer individuellen Steuerung der Videowiedergabe ausreichend ist. Bei einer erklärenden Person ist anzumerken, dass sofern eine Person im Video zu sehen ist, diese mit den Zuschauenden interagieren oder Tafelbilder schrittweise entwickeln muss, anstatt diese lediglich zu erklären. Lernvideos sind zudem aus der Beobachterperspektive effektiver und auch die Verknüpfung mit integrierten oder begleiteten Lernaufgaben wirkt sich positiv auf die Lernmotivation der Schülerinnen und Schüler aus. Lernvideos sind zudem wirksamer, wenn diese schülerzentriert und problemorientiert in den Unterricht einbezogen werden. Das Konzept des Flipped Classroom ist heutzutage eine weitere Einsatzmöglichkeit digitaler Technologien, insbesondere von Lernvideos. Bei einem Flipped Classroom wird ein Teil der Wissensvermittlung mit Unterstützung durch Erklärvideos in die Hausaufgabe verlagert und dadurch individualisiert. Die gewonnene Zeit in der Schule soll im Gegenzug für die problemorientierte Anwendung des Wissens genutzt werden, um das Wissen zu vertiefen und auch Transferaufgaben lösen zu können. Durch diese Phase des Lernens kann die Lehrkraft die Lernenden wirksamer unterstützen und die Gestaltung der reinen Wissensvermittlung visueller durch Lernvideos gestalten. Mit diesem Konzept geht jedoch ein erhöhter Aufwand für Lehrkräfte einher. Dem gegenüber stehen allerdings Belege dafür, dass der Einsatz von Lernvideos für den Hybridunterricht ein Mittel darstellt, um das Lernen in der Schule und Freizeit zu verbinden. (Schaumburg, 2021, S. 44-46)

Während des Distanzunterrichts aufgrund der Coronakrise hat sich die Nutzung von Lernmanagementsystemen (LMS) und Plattformen etabliert. (Bitkom e. V., 2022c) Das Ministerium für Inneres, Digitalisierung und Migration Baden-Württemberg umschreibt eine digitale Bildungsplattform als Bereitstellung von Anwendungen und Dienste für die Planung, Durchführung und Nachbereitung eines von digitalen Technologien unterstützten Schulunterrichts. Eine solche digitale Bildungsplattform stellt Moodle dar. Moodle ist eine freie Lernmanagementsoftware und an allen Schulen in Baden-Württemberg als eine zentrale Komponente bei der digitalen Unterstützung des Schulunterrichts eingesetzt. (Ministerium für Inneres, Digitalisierung und Migration Baden-Württemberg, 2021, S. 36)

Bitkom e. V. (2022a) betont, dass die Digitalisierung die Chance bietet, Schulbücher in elektronischer Form als Ersatz oder Ergänzung zu nutzen. Digitale Bildungsinhalte sind entsprechend des Lernplans offiziell zugelassen und bieten im Vergleich zu herkömmlichen Schulbüchern erweitere Nutzungsaspekte. Hierzu zählen die Einbindung multimedialer Inhalte, Audioaufnahmen und die Möglichkeit zur Interaktion mit dem Nutzenden. Neben digitalen Bildungsplattformen setzt Baden-Württemberg auch auf eine Bereitstellung digitaler Bildungsinhalte. Schulbücher und selbst erstellte Arbeitsblätter sollen durch digitale Medien ergänzt werden. In einem ersten Schritt sollen diese Medien online bereitgestellt werden und zu einem späteren Zeitpunkt auch eine Suchmaschine und Mediathek implementiert werden. Bis 2021 wurde bereits ein Umsetzungskonzept für die Bereitstellung der Bildungsmedien entwickelt. Das Projekt befindet sich derzeit noch in der Umsetzung. (Ministerium für Inneres, Digitalisierung und Migration Baden-Württemberg, 2021, S. 35) Zudem sehen Lehrkräfte einen wichtigen Aspekt in der Verfügbarkeit kostenloser digitaler Lehrmaterialien, sogenannte Open Educational Resources, kurz OER. (U. Schmid et al., 2017, S. 7) Laut UNESCO (2002, S. 26) stehen OER für die Bereitstellung von frei zugänglichen Bildungsressourcen, die durch Informations- und Kommunikationstechnologien ermöglicht werden und der Nutzung und Anpassung durch eine Benutzergemeinschaft für nichtkommerzielle Zwecke dienen. (U. Schmid et al., 2017, S. 7)

3.   Voraussetzungen für den Einsatz digitaler Technologien im Schulunterricht

3.1.   Konzeption des Einsatzes digitaler Technologien

Die Verfügbarkeit schulischer Medienkonzepte und digitalisierungsbezogenen Lehrkräftekooperation sowie eine positive Einstellung der Lehrkräfte gegenüber Lehr- und Lernprozesse sind wichtige Rahmenbedingungen der Nutzung digitaler Technologien im Unterricht. Um Finanzmittel aus dem Investitionsprogramm „DigitalPakt Schule" des Bundes zu erhalten, müssen Schulträger ein solches Medienkonzept entwickeln, worin Aussagen zu einer lernförderlichen IT-Infrastruktur und dem Support festgehalten werden. Zudem sollte das Konzept unterschiedliche Unterrichtsszenarien für die Nutzung digitaler Lernplattformen enthalten. (Breiter et al., 2021, S. 4) Zu berücksichtigen ist auch die unterschiedliche Ausstattung der Lernenden. Die Digitalisierung muss zunächst den Fokus auf die Schaffung eines Zugangs zu digitalen Ressourcen und den Fokus auf die Entwicklung digitaler Kompetenzen legen. Dies betrifft alle, die mit den digitalen Medien in Berührung kommen werden. Nur unter Berücksichtigung dieser Aspekte in dem Medienkonzept ist eine Reduzierung der Bildungsungerechtigkeit möglich. (Giesinger, 2021, S. 77)

Ein Medienkonzept war im Jahr 2021 an deutschen Schulen der Sekundarstufe I bei 67,7 % der befragten Lehrkräfte vorhanden. Daraus lässt sich schließen, dass bei rund einem Drittel keine Grundlage für ein Medienkonzept vorhanden war. (Lorenz et al., 2021, S. 18) Des Weiteren geht aus dem „Monitor Digitale Bildung" der Bertelsmann Stiftung hervor, dass die Mehrheit der Schulen in Deutschland weder Digitalisierung als strategisches Thema wahrnehmen noch ein Konzept für jene vorliegen haben. (U. Schmid et al., 2017, S. 6)

Eine Konzeption über die Nutzung digitaler Medien an Schulen, deren pädagogischen Mehrwert sowie Aspekte, welche die Gleichberechtigung der Lehrkräfte und Lernenden betreffen, ist somit unerlässlich, um digitale Technologien im Schulunterricht erfolgreich einsetzen zu können. Dadurch werden allen Beteiligten wie den Schulträgern, der Schulleitung, Lehrkräften und in einer adressatengerechten Form auch Eltern über den Weg der Schule zu einem digitalgestützten Unterricht informiert und können diese Veränderungen besser annehmen.

3.2.   Bildungspolitische und finanzielle Voraussetzungen

Der Bund spielt eine immer größer werdende Rolle in der Digitalisierung, auch durch große Investitionsmaßnahmen. IT-Management für eine lernförderliche IT-Infrastruktur basiert auf einem funktionierenden Zusammenspiel von Agierenden auf Ebenen des Bundes, der Länder, der Kommunen sowie der Schulen. Neben Investitionsprogrammen wie dem „DigitalPakt Schule" förderte der Bund im Rahmen der Coronakrise unter anderem die Ausstattung mit digitalen Endgeräten von Lernenden und Lehrenden sowie Nachhilfeprogramme. Zudem förderte der Bund eine nationale Bildungsplattform. Für funktionsfähige und moderne IT-Infrastrukturen an Schulen sind allerdings Kommunen zuständig. Da für kommunale Schulträger neben dem Schulamt auch das IT- und Bauamt in den Zuständigkeitsbereich fallen, müssen sich diese abstimmen. Auch sollten im Einzelfall externe Dienstleister miteinbezogen werden, um beispielsweise den technischen Support zu unterstützen. (Breiter et al., 2021, S. 4)

KfW Research beleuchtet in mehreren Studien das Themenfeld Schulen. Im Auftrag der KfW wurden im Mai 2021 insgesamt 266 Städte, Gemeinden und Landkreise zu diesem Themenfeld von dem Deutschen Institut für Urbanistik befragt. Die Ergebnisse dieser Studie zeigen die kommunale Wahrnehmung der Digitalisierung an Schulen. Unterstützende Aspekte für die Digitalisierung an Schulen sind laut den befragten Kommunen die politische Unterstützung und die damit einhergehenden Förderprogramme. Allerdings behindern die Komplexität und Bürokratie dieser Programme die Digitalisierung in den Kommunen und damit auch an den Schulen. (Brand et al., 2021, S. 3–4)

Die Anschaffung mobiler Endgeräte für Lehrkräfte und Lernende sowie Zubehör, der regelmäßige Austausch der Geräte und die notwendige Verwaltung hierfür, bedürfen hohe Investitionssummen und verursachen Kosten in Milliardenhöhe. Damit dies langfristig und erfolgreich umgesetzt werden kann, bedarf es einer transparenten und planbaren Finanzierung. (Bitkom e. V., 2022d) Die Studie im Auftrag der KfW sieht aufgrund dessen einen Erfolgsfaktor in der finanziellen Planungssicherheit für Kommunen, welche hauptsächlich zu Beginn notwendig ist. Eine Stärkung der Finanzkraft der Kommunen ermöglicht eine langfristige Investitionsgrundlage, um Schulgebäude und deren digitale Ausstattung zu verbessern. Neben der digitalen Ausstattung und schnellem Internet investieren Kommunen hauptsächlich in Schulgebäude. Eine Sanierung der Schulgebäude trägt ebenso wie digitale Medien zu einer Erhöhung der Leistungsfähigkeit des Bildungssystems bei. Die Kommunen stimmen überein, dass Investitionsbedarfe dauerhaft von Bedeutung sein werden und hierfür in Zukunft die Investitionssumme zunehmen wird. Es wird ebenfalls angemerkt, dass für Investitionen zusätzliche Fördermittel und Zuschüsse notwendig sind. (Brand et al., 2021, S. 1–3)

Neben einer transparenten und planbaren Finanzierung ist auch eine finanzielle Planungssicherheit notwendig, um digitale Technologien erfolgreich im Schulunterricht einzusetzen. Auch die Bereitstellung mobiler Endgeräte ist hierfür eine Voraussetzung.

3.3. Technische Voraussetzungen

Digitalgestützter Unterricht benötigt grundlegend eine funktionsfähige und moderne IT-Ausstattung. Nur mit jener IT-Ausstattung kann eine Nutzung digitaler Medien sowie eine Förderung der Kompetenzen der Lehrkräfte und Lernenden stattfinden. Die Studie „Schule digital – der Länderindikator 2021" nutzte als Indikatoren für die IT-Ausstattung der Schulen eine ausreichende IT-Ausstattung und ausreichender Internetzugang, den technischen Stand der Computer, einen technischen und pädagogischen Support, WLAN-Zugang sowie eine Lernplattform. Bundesweit sind die Hälfte der befragten Lehrkräfte an Schulen der Sekundarstufe I mit der IT-Ausstattung an ihren Schulen zufrieden und bewerten diese zu 67,7 % als ausreichend. Je nach Bundesland sind allerdings Unterschiede zu erkennen: Bayern, Hamburg, Sachsen-Anhalt und Schleswig-Holstein weisen einen hohen Anteil an Zustimmung der Lehrkräfte auf. Hingegen sind nur 32,9 % der befragten Lehrkräfte aus den Bundesländern Brandenburg, Mecklenburg-Vorpommern, Sachsen und Thüringen mit der IT-Ausstattung ihrer Schule zufrieden. Die Verfügbarkeit eines Internetzugangs wird von den befragten Lehrkräften kritischer betrachtet als im Jahr 2017. Lorenz et al. vermuten den unzureichenden Ausbau des Internetzugangs für Schulen als Auslöser, da sich dieser langsamer entwickelt als die schulischen Notwendigkeiten und pädagogischen Möglichkeiten. Ein WLAN-Zugang an den beteiligten Schulen ist zu 61,1 % vorhanden, allerdings gaben lediglich 40 % an, dass der WLAN-Zugang für pädagogische Zwecke ausreichend ist und daher noch Handlungsbedarf besteht. (Lorenz et al., 2021, S. 9–14) Die Studie beleuchtete zudem die Wirksamkeit von Investitionsmaßnahmen des Bundes, welche sich auf die technische Infrastruktur wie WLAN und Lernmanagementsysteme sowie die pädagogische digitale Infrastruktur mit digitalen Lehrwerken bezogen. Die Untersuchung ergab, dass 71,3 % der Befragten Verbesserungen der WLAN-Verfügbarkeit feststellen konnten. In Bayern, Bremen, Mecklenburg-Vorpommern und Sachsen konnten 93,1 % der Befragten Verbesserungen durch Investitionsprogramme erkennen, hingegen konnten dies in Brandenburg, Hamburg, Niedersachen und Thüringen lediglich 64 %. Die Herausforderungen des erfolgreichen Einsatzes digitaler Medien zeigten sich jedoch dadurch, dass nur 46,2 % der Befragten während der Datenerhebung zwischen März 2020 bis August 2021 ausreichend Endgeräte sowie 40,3 % administrative Vorgänge für die Beschaffung von digitalen Lehr-Lernmaterialien zur Verfügung hatten. (Lorenz et al., 2021, S. 30–34)

Die Studie im Auftrag der KfW, bei welcher im Mai 2021 insgesamt 266 Städte, Gemeinden und Landkreise zu diesem Themenfeld von dem Deutschen Institut für Urbanistik befragt wurden, ergab sich, dass aus Sicht der Kommunen die Planung und Umsetzung von Digitalisierungsmaßnahmen besonders durch die Coronakrise vorangetrieben wurden. Die Beschaffung mobiler Endgeräte ist bereits bei 78 % der befragten Kommunen begonnen worden und auch die Verbesserung oder Einführung von WLAN wurde von mehr als 70 % der Kommunen umgesetzt. Die Umsetzung digitaler Lernplattformen, welche den größten Handlungsbedarf aus Sicht der Kommunen darstellen, wurde von der Hälfte der Befragten bereits begonnen oder abgeschlossen. (Brand et al., 2021, S. 2–3)

Für einen erfolgreichen Einsatz digitaler Technologien im Unterricht ist eine unterstützende IT-Infrastruktur einschließlich eines LMS notwendig. Diese Infrastruktur soll noch kein didaktisches Konzept beinhalten, sondern den Lehrkräften dies ermöglichen. Bei IT-Systemlandschaften müssen Systemkomponenten und Modalitäten für die Beschaffung und den Betrieb unterschieden werden. An die Systeme stellen eine Alltagstauglichkeit, Barrierefreiheit, Informationssicherheit, Datenschutzkonformität und Skalierbarkeit die Anforderungen dar. Auch eine Interoperabilität sowie Erweiterbarkeit und Änderbarkeit sind Anforderungen an Systeme. Die Alltagstauglichkeit setzt eine Software- und Hardwarebereitstellung für Lehrkräfte und Lernende voraus, welche an die eigenen Bedürfnisse angepasst werden kann und die Barrierefreiheit ist seit 2009 für öffentliche Stellen, worunter Schulen fallen, verpflichtend. Insbesondere bei der Nutzung der IT-Infrastruktur durch Minderjährige müssen Daten geschützt und Informationen gesichert werden. Neben der EU-DSGVO und dem BDSG gelten auch spezifische Regeln wie Schuldatenschutzgesetze. Besonders Schulen in größeren Gebieten mit einer großen Anzahl an Nutzenden muss die Systemarchitektur eine große und variierende Anzahl an Benutzern zulassen und die Performance optimiert werden. Daneben ist die Skalierbarkeit auf den Betrieb zu beziehen, wie beispielsweise der Leistungsfähigkeit und dem Endgerätemanagement. Die Interoperabilität bezeichnet im technischen Sinne den Datenaustausch ohne Medienbruch. Um Neuerungen der IT-Sicherheit in der IT-Infrastruktur umsetzen zu können, müssen die Systeme erweiterbar und änderbar sein. (Breiter et al., 2021, S. 5–7)

Eine erfolgreiche Digitalisierung von Schulen bedarf eine zukunftsorientierte, moderne und technologische Infrastruktur, um digitale Kompetenzen zu vermitteln. Die Infrastruktur von Schulen soll bundesweit standardisiert, zentralisiert aufgebaut und möglichst einfach sein, damit Schulen sich auf den Unterricht konzentrieren können. Eine Standardisierung dient der Formulierung eines einheitlichen Konzepts eines Mindestmaßes an technischer Ausstattung. Durch den Einsatz vorhandener und funktionierender Lösungen soll möglichst schnell, kostengünstig und effizient eine Grundlage geschaffen werden. Auch werden somit der Betrieb und Support kosteneffizienter und stabiler realisiert, das Verwalten von Endgeräten vereinfacht und Lehrkräften die Möglichkeit geboten, an mehreren Schulen tätig zu sein. Für eine erfolgreiche Standardisierung muss ein flächendeckendes WLAN-Netzwerk zur Ausstattung jeder Schule gehören und auch eine zentralen Cloud-Lösung aufgebaut werden, wodurch marktübliche Funktionen genutzt werden können. (Bitkom e. V., 2022d)

Schulträger betonen zudem die Notwendigkeit von qualifiziertem Personal bei der Beschaffung und Wartung der IT-Ausstattung. Kommunen befürchten auch aufgrund der vorherrschenden Marktbedingungen Lieferengpässe von Endgeräten, welche die Digitalisierung verlangsamen könnten. (Brand et al., 2021, S. 3–4)

Zusammenfassend gehören zu den technischen Voraussetzungen für einen erfolgreichen Einsatz digitaler Technologien im Schulunterricht neben einer standardisierten Infrastruktur, auch die Erfüllung von Systemanforderungen, die Qualifizierung von Personal, um eine optimale Beschaffung und Wartung der IT-Ausstattung zu gewährleisten sowie der Ausbau von WLAN und mobilen Endgeräten. Der Ausbau mobiler Endgeräte bedarf zudem einer Berücksichtigung der Marktbedingungen und daraus womöglich resultierender Lieferengpässe.

3.4. Förderung von Kompetenzen

3.4.1. Kompetenzen der Lernenden

Die Studie „Schule digital – der Länderindikator 2021" nutzte als Indikatoren für eine Förderung der notwendigen Kompetenzen der Lernenden ein Erläutern von Speichervorgängen, Instruktionen zur Bearbeitung von Tabellen, Texten oder Grafiken und das Üben der Navigation im Internet. Des Weiteren waren eine eigenständige Erstellung von Präsentationen und die richtige Einschätzung der Nützlichkeit medial ermittelter Informationen, Indikatoren. (Lorenz et al., 2021, S. 9) 56,4 % der Befragten Lehrkräfte der Sekundarstufe I gaben an, Schritt-für-Schritt-Anleitungen zur Erstellung oder Bearbeitung von Texten, Tabellen oder Grafiken den Lernenden vorzugeben. Dabei gibt es Unterschiede je nach Bundesland: In Bayern, Brandenburg, Bremen und Niedersachsen gaben im Durchschnitt 73,5 % der Befragten an, den Lernenden Schritt-für-Schritt-Anleitungen zur Verfügung zu stellen. In Baden-Württemberg, Bayern, Mecklenburg-Vorpommern und Nordrhein-Westfalen sind es lediglich 46,8 %. Eine höhere Kategorie der Förderung computer- und informationsbezogener Kompetenzen der Lernenden ist die Kontrolle jener, ob die Glaubwürdigkeit und Nützlichkeit ermittelter Informationen korrekt eingeschätzt werden kann. Im bundesweiten Vergleich kontrollieren 70,2 % der Befragten die Einschätzungen der Lernenden, während es in Baden-Württemberg, Brandenburg, Hamburg und Rheinland-Pfalz im Durschnitt nur 62,1 % der befragten Lehrkräfte prüfen. (Lorenz et al., 2021, S. 22–24)

Aus den Ergebnissen der Studie lässt sich schließen, dass die Kompetenzbildung der Lernenden in Bezug auf digitale Technologien in der heutigen Zeit unerlässlich ist. Damit wird nicht nur der Schulunterricht mit digitalen Medien möglich, sondern die Schülerinnen und Schüler auf ein berufliches Leben vorbereitet. Die Anzahl der Lehrkräfte, welche die Lernenden durch Anleitungen unterstützen, muss ausgebaut werden, sodass ein pädagogisch wertvoller Einsatz digitaler Technologien gewährleistet werden kann.

3.4.2. Kompetenzen der Lehrenden

Digitalisierung verändert Rollen in Schulen. Lehrkräfte stellen kein Monopol in der Wissensvermittlung dar, sondern Schülerinnen und Schüler finden über einen Internetzugang zu jedem Thema und zu jeder Zeit Informationen. Lehrkräfte müssen diesen Rollenwechsel erkennen und annehmen, sich in der neuen Rolle als Gestalter eines kreativen und kollaborativen Lernraums vertraut machen und für die Digitalisierung weitergebildet werden. Nur durch die Kompetenzerweiterung können anstelle der reinen Wissensvermittlung eher individuelle Lernprozesse unterstützt und begleitet sowie Räume geschaffen werden. Hierfür müssen Lehrkräfte mit digitalen Technologien und digitalen Inhalten umgehen können. Dies reicht von der Bedienung eines mobilen Endgerätes bis hin zu der Erkennung von fälschlicherweise verbreiteten Informationen im Internet. (Bitkom e. V., 2022b)

Die erfolgreiche und auch generelle Nutzung digitaler Technologien im Unterricht ist somit von den Lehrkräften und von deren Kompetenzen abhängig. Diese notwendigen Kompetenzen umfassen neben dem technischen Wissen auch Wissen darüber, wie sich Inhalte mit Hilfe von digitalen Medien besser vermitteln lassen, um Lehr- und Lernprozesse zu fördern. Die Studie „Schule digital – der Länderindikator 2021" nutzte als Indikatoren für die notwendigen Kompetenzen der Lehrkräfte eine angemessene Kombination von digitalen und analogen Lehrmethoden, eine mögliche Auswahl digitaler Medien, das Verfügen einer Strategie, um Fachinhalte und digitale Methoden zu verknüpfen und andere Lehrkräfte anleiten zu können. Diese Indikatoren basieren auf dem Rahmenmodell „Technological Pedagogical and Content Knowledge", kurz TPACK. (Lorenz et al., 2021, S. 26–27) Das TPACK-Modell betrachtet das technologische, fachliche und pädagogisches Wissen von Lehrkräften und die sich daraus ergebenden Schnittstellen von Wissensbereichen. Technologiebezogenes fachliches Wissen bezeichnet die Verknüpfung von technologischem und schulbezogenem Wissen. Technologiebezogenes pädagogisches Wissen umfasst Lernen mit oder über Medien. Die Schnittstelle aus den drei Wissensbereichen bildet technologiebezogenes fachdidaktisches Wissen und zielt auf den sinnvollen didaktischen Einsatz einer bestimmten Technologie in einem bestimmten Fachgebiet. (M. Schmid et al., 2020, S. 118–119) Abbildung 2 veranschaulicht das TPACK-Modell und die Schnittstellen der verschiedenen Wissensbereiche.

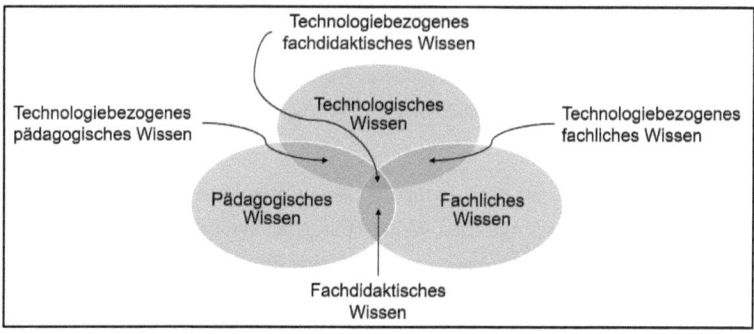

Abbildung 2: TPACK-Modell. Quelle: In Anlehnung an M. Schmid et al., 2020, S. 120.

Forschungen ergaben, dass technologiebezogenes fachdidaktisches Wissen einen positiven Effekt auf den Einsatz digitaler Medien im Unterricht hat. Allerdings wird dadurch nicht ersichtlich, wie umfassend die einzelnen Wissensbereiche sein müssen. Dennoch beeinflusst das Modell die Weiterbildung von Lehrkräften, da die Wissensbereiche nicht isoliert betrachtet werden sollten. Digitale Medien können von Lehrenden nur dann erfolgreich eingesetzt werden, wenn in Weiterbildungen Theorie und Praxis verbunden werden, jene den Medieneinsatz planen, mit anderen Lehrkräften kooperieren und Feedback von Lernenden einholen. (M. Schmid et al., 2020, S. 120–121) Die Studie „Schule digital – der Länderindikator 2021" ergab, dass 82 % der befragten Lehrkräfte in der Lage sind, digitale Medien auszuwählen, die einen positiv zu der Vermittlung von Fachinhalten im Unterricht beitragen. Drei Viertel der Befragten können die Inhalte, eingesetzte digitale Medien und angemessene Lehrmethoden angemessen kombinieren. Dies entspricht dem technologiebezogenen fachdidaktischen Wissen nach dem vorgestellten TPACK-Modell. (Lorenz et al., 2021, S. 27–28)

Neben der Weiterbildung der Kompetenzen sind die Verfügbarkeit schulischer Medienkonzepte und digitalisierungsbezogenen Lehrkräftekooperation sowie eine positive Einstellung der Lehrkräfte gegenüber Lehr- und Lernprozesse wichtige Rahmenbedingungen der Nutzung digitaler Technologien im Unterricht. Die Zusammenarbeit verschiedener Lehrkräfte zeigt sich nur bei 17,7 % der Befragten, welche mindestens einmal im Monat mit Kollegen und Kolleginnen gemeinsame digitale Unterrichtseinheiten zusammenstellen. (Lorenz et al., 2021, S. 18)

Fortbildungen für Lehrkräfte sind essenziell für einen erfolgreichen Einsatz digitaler Technologien im Unterricht. Zwischen Sommer 2019 und 2021 besuchten 54,6 % der Befragten Kurse, um digitale Medien geeigneter in Lehr- und Lernprozessen integrieren zu können. Für eine bessere Unterstützung des individualisierten Lernens durch die Nutzung digitaler Medien nahmen etwa die Hälfte der befragten Lehrkräfte zwischen Sommer 2019 und Sommer 2021 an einer Fortbildung teil. (Lorenz et al., 2021, S. 41–42) Das Land Baden-Württemberg erklärt in einem dritten Digitalisierungsbericht die Qualifizierungsoffensive für Lehrkräfte. Diese Offensive soll dafür Sorge tragen, dass Lehrkräfte digitale Technologien im Schulunterricht sinngemäß einsetzen und die damit einhergehenden Risiken beurteilen können. Nach einer Definition relevanter Kompetenzen für den Wissenserwerb von Lehrkräften wurden von insgesamt 120.000 Lehrkräften bis 2020 rund 1.600 im Umgang mit digitalen Technologien wie Moodle, BigBlueButton oder auch Adobe Connect geschult. (Ministerium für Inneres, Digitalisierung und Migration Baden-Württemberg, 2021, S. 33) Es kann davon ausgegangen werden, dass sich die Qualifizierungsoffensive aufgrund der anhaltenden Coronakrise weiterentwickelt hat.

Digitalisierung steht und fällt mit den Lehrenden. Neben der Akzeptanz eines Rollenwechsels seitens der Lehrkräfte sind eine Aus- und Weiterbildung der Kompetenzen in Bezug auf digitale Technologien und technologiebezogenes fachdidaktisches Wissen Erfolgsfaktoren für den Einsatz jener Technologien im Unterricht. Auch die Kooperation von Lehrkräften zeigt einen positiven Effekt auf die Gestaltung des Schulunterrichts und den Aufwand für Lehrende.

3.5. Unterstützung von Schulentwicklungsprozessen

Für die Schulentwicklung gelten Motivation, Transparenz für alle Beteiligten und Partizipation als Voraussetzung, damit jene als Prozess erfolgreich sein kann. Diese Aspekte sowie Schulentwicklungsprozesse lassen sich durch digitale Medien visualisieren. Die Coronakrise hat gezeigt, dass eine erfolgreiche Zusammenarbeit innerhalb einer Schule ohne papierbasierte Arbeitsform und aus dem Homeoffice für Lehrende und in Form des Homeschoolings für Lernende heraus möglich ist. Digitale Werkzeuge unterstützen dabei die Zusammenarbeit des Schulpersonals. (Farkas & Tiedemann, 2022, S. 38)

Ein Beispiel eines solchen digitalen Werkzeugs ist Kanban. Kanban wurde 1947 für das Unternehmen Toyota entwickelt. Digital oder mit Karten an den Wänden werden drei Spalten geschaffen, mit Aufgaben, welche offen, in Arbeit oder erledigt worden sind. Der Sinn hinter diesem Werkzeug besteht darin, dass Mitarbeitende sich eine noch offene Aufgabe zuordnen und in den zweiten Bereich verschieben und nach Abschluss als „erledigt" markiert. Sind in einer Schule aufgabenbezogene Arbeitsgruppen vorhanden, bietet Kanban eine gute Grundlage, um stets zugängliche Visualisierungen zu schaffen und Wissen zu sichern. Es wird ebenfalls ermöglicht, komplexe Prozesse in Einzelprozesse aufzuteilen, um transparent Aufgaben verteilen zu können. (Farkas & Tiedemann, 2022, S. 39) Kanban kann somit der Verwaltung von Aufgaben im Umfeld der Schulentwicklung dienen und bietet jedem Beteiligten einen Überblick über anfallende und bereits bearbeitete Aufgaben.

Auch das LMS Moodle kann als Unterstützung von Schulentwicklungsprozessen genutzt werden. Das LMS dient nicht nur Schülerinnen und Schülern, sondern auch dem Schulpersonal zur Visualisierung von Schulentwicklungsprozessen. Da Lehrkräfte das LMS für den Schulunterricht nutzen, sind sie damit vertraut und die Organisation der Gremienarbeit in Moodle wird vereinfacht. (Farkas & Tiedemann, 2022, S. 40)

Durch den Einsatz digitaler Technologien für Schulentwicklungsprozesse wie LMS oder Kanban lernen alle Beteiligten wie Lehrkräfte und Leitende der Schulen den Umgang mit solchen Medien und dieser Berührungspunkt der Lehrenden mit digitalen Medien sorgt für eine höhere Akzeptanz, diese auch im Schulunterricht einzusetzen und sich mit solchen auseinanderzusetzen.

4.   Fazit

Die Digitalisierung an Schulen Deutschlands wurde durch die Coronakrise forciert und vorangetrieben, jedoch fehlt eine bundesweite Standardisierung in Bezug auf die Umsetzung der Digitalisierung und dem Einsatz digitaler Medien in einem pädagogisch sinnvollen Kontext. Doch wie lassen sich diese digitalen Technologien erfolgreich im Schulunterricht einsetzen?

Diese anfangs gestellte Frage konnte durch die in dieser Arbeit formulierten Voraussetzungen beantwortet werden. Für einen erfolgreichen Einsatz digitaler Technologien im Schulunterricht muss ein Medienkonzept vorliegen und dieses umgesetzt werden. Daneben müssen eine finanzielle Unterstützung und Planungssicherheit durch bildungspolitische Investitionen sowie eine bundesweit einheitliche IT-Infrastruktur zugrunde liegen. Zudem sollten an Schulen die Kompetenzen der Lernenden und Lehrenden im Umgang mit digitalen Technologien gefördert werden. Die Unterstützung von Schulentwicklungsprozessen durch digitale Medien hat ebenso einen positiven Effekt auf die Digitalisierung an Schulen.

Trotz der notwendigen Aspekte, welche von Schulen, dem Bund und Lehrenden gefordert werden, um effektiv digitale Technologien in den Schulunterricht zu integrieren, bleibt die Frage offen, wie diese Maßnahmen in den einzelnen Bundesländern und bundesweit in den kommenden Jahren umgesetzt werden und dadurch die Chancen, welche mit der Digitalisierung einhergehen, genutzt werden.

Literaturverzeichnis

Arnold, P. (2020). *Digitalisierung und Lehrkräftefortbildung. Gelingensbedingungen und Strukturen von Fortbildungen zum Einsatz digitaler und interaktiver Medien in der Schule.* Logos Verlag Berlin.

Bitkom e. V. (Hrsg.). (2022a). *Digital gestützte Formate.* https://www.bitkom.org/Themen/Bildung-Arbeit/Bildung/Trendreport-E-Learning/Schule/Digital-gestuetzte-Formate

Bitkom e. V. (Hrsg.). (2022b). *Pädagogische, didaktische und methodische Trends.* https://www.bitkom.org/Themen/Bildung-Arbeit/Bildung/Trendreport-E-Learning/Schule/Paedagogische-didaktische-und-methodische-Trends

Bitkom e. V. (Hrsg.). (2022c). *Status Quo.* https://www.bitkom.org/Themen/Bildung-Arbeit/Bildung/Trendreport-E-Learning/Schule/Status-Quo

Bitkom e. V. (Hrsg.). (2022d). *Technische Voraussetzungen.* https://www.bitkom.org/Themen/Bildung-Arbeit/Bildung/Trendreport-E-Learning/Schule/Technische-Voraussetzungen

Brand, S., Raffer, C. & Steinbrecher, J. (2021). *Digitalisierung der Schulen – Vielfältige Herausforderungen für die Kommunen.* KfW Research. https://www.kfw.de/%C3%9Cber-die-KfW/Newsroom/Aktuelles/News-Details_670592.html

Breiter, A., Müller, M., Telle, L. & Zeising, A. (2021). *Digitalisierungsstrategien im föderalen Schulsystem: Lernmanagementsysteme und ihre Betriebsmodelle.* https://www.telekom-stiftung.de/aktivitaeten/schulische-lernplattformen-deutschland

Farkas, Z. & Tiedemann, H. (2022). Schulentwicklung digital visualisieren. *Pädagogik*(Ausgabe 1), 38–41. https://content-select-com.pxz.iubh.de:8443/goto/10.3262%7C%7CPAED2201038/2

Giesinger, J. (2021). Digitalisierung und Bildungsgerechtigkeit: Verschärft Digitalisierung die Ungleichheiten im Bildungssystem? *Pädagogik*(Ausgabe 7/8), 73-77. https://content-select-com.pxz.iubh.de:8443/goto/10.3262%7C%7CPAED2108073/2

Honegger, B. D. (2021). Was machen wir mit der Digitalisierung? *Pädagogik*(Ausgabe 5), 41-46. https://content-select-com.pxz.iubh.de:8443/goto/10.3262%7C%7CPAED2105041/1

Lorenz, R., Yotyodying, S., Eickelmann, B. & Endberg, M. (2021). *Schule digital – der Länderindikator 2021: Erste Ergebnisse und Analysen im Bundesländervergleich.* https://www.telekom-stiftung.de/aktivitaeten/schule-digital-der-laenderindikator

Ministerium für Inneres, Digitalisierung und Migration Baden-Württemberg (Hrsg.). (2021). *Dritter Digitalisierungsbericht.* https://www.digital-bw.de/de/publikationen

Ministerium für Kultus, Jugend und Sport (Hrsg.). (2022). *Digitalisierung.* https://km-bw.de/,Lde/startseite/schule/Digitalisierung

Schaumburg, H. (2021). Ist digital unterstützter Unterricht lerneffektiv? *Pädagogik*(Ausgabe 9), 43-46. https://content-select-com.pxz.iubh.de:8443/goto/10.3262%7C%7CPAED2109043/1

Schmid, M., Krannich, M. & Petko, D. (2020). Technological Pedagogical Content Knowledge. Entwicklungen und Implikationen. *journal für lehrerInnenbildung*(Heft 1), 116–124. https://jlb-journallehrerinnenbildung.net/heft-1-2020-digitalisierung/

Schmid, U., Goertz, L. & Behrens, J. (2017). *Monitor Digitale Bildung: Die Schulen im digitalen Zeitalter*. Bertelsmann Stiftung. https://www.bertelsmann-stiftung.de/de/publikationen/publikation/did/monitor-digitale-bildung-9

UNESCO (Hrsg.). (2002). *Forum on the Impact of Open Courseware for Higher Education in Developing Countries - Final Report*. https://unesdoc.unesco.org/ark:/48223/pf0000128515